Mes histoires du Calme

Ma chère Tétine

Écrit et conçu par
Héloïse Junier

Illustré par
Carole Xénard

Hatier jeunesse

Mot doux avant l'histoire

Bienvenue, petit amateur de grandes histoires !

Depuis que tu es tout petit, la tétine fait partie de ta vie. Elle est pour toi une sorte de meilleure copine : elle t'aide à te calmer, à te rassurer ou bien à t'endormir.

Mais voilà, cette tétine est devenue si importante pour toi qu'il t'arrive de ressentir un vrai manque lorsqu'elle n'est pas dans ta bouche. Beaucoup d'enfants de ton âge éprouvent des difficultés à se calmer, à se rassurer ou bien à s'endormir lorsqu'ils n'ont pas leur tétine. Peut-être est-ce aussi ton cas ?

Au fond, cette tétine n'est pas une vraie copine pour toi. En plus de risquer de déformer tes dents, elle peut aussi gêner ta manière de parler, de respirer, de jouer avec les autres, de comprendre leurs émotions ou encore de chercher le réconfort dans les bras d'un adulte lorsque tu es en détresse. Ce n'est pas rien !

Aujourd'hui, si les adultes ont décidé de te lire ce livre, c'est parce qu'ils sentent que tu es prêt à t'en « libérer ». Cette tétine est comme les petites roues d'un vélo. Les grandes personnes estiment que tu es assez grand pour t'en passer et pour faire ta route sans elle. Et ils ont bien raison !

Pour t'aider à te détacher de cet objet, je t'ai préparé une histoire extraordinaire qui va te dévoiler les secrets de la tétine.

Mais attention, pour que la magie opère, voici quelques instructions à donner à la grande personne qui va te la lire :

1. Avant de commencer, installez-vous tous les deux, confortablement, dans un endroit calme.

2. Demande à l'adulte de laisser son portable – ou tout autre écran – dans une autre pièce. Fais-en de même avec ta tétine ! Il ne faudrait surtout pas que vous soyez dérangés.

3. Il doit suivre toutes les indications de lecture entre crochets et t'encourager à répondre aux questions qui te seront posées (si tu es en âge de parler).

4. Rappelle-lui de bien soigner le ton et le débit de sa voix lorsqu'il te lit cette histoire : rapides et animés quand la tension monte et, au contraire, plus graves, doux et lents quand la tension redescend.

5. Si tu n'es pas encore en âge de bien comprendre le texte, demande-lui de te raconter simplement les images. Celles-ci ont été réalisées de manière à ce que tu puisses saisir les messages-clés seulement en observant les dessins.

5. S'il s'agit d'un adulte avec qui tu te sens en sécurité, blottis-toi contre lui quand il te lira ce livre. La tendresse est l'un des ingrédients magiques de cette histoire !

Es-tu prêt pour ce grand voyage ?
Oui ? Alors, c'est parti...

Lui, c'est Oscar. Un petit garçon de
[indiquer l'âge de votre enfant] qui, comme toi,
adore rigoler avec ses copains, ramasser
des cailloux et jouer à *[indiquer le jeu préféré
de votre enfant]*.

Elle, c'est sa tétine. Dès qu'il l'a dans sa
bouche, il n'est plus vraiment le même.
C'est comme si elle avait éteint toute
la jolie lumière à l'intérieur de lui.

Quand la tétine est dans sa bouche,
les mots qu'il produit sont un peu étranges,
bizarres. On ne le comprend pas toujours !

« Hey, lé co-ain ! Kou kaé euki é klu go kun
caca gélékan ? »

Oscar aimerait beaucoup faire des blagues à
ses copains et rigoler avec eux, mais sa tétine
l'en empêche. Quel dommage !

Quand Oscar se blesse, qu'il est triste
ou qu'il a peur, sa tétine l'empêche bien
souvent de faire sortir ce qui bouillonne
à l'intérieur de son corps.
Et parfois même, de trouver le réconfort
dans les bras de quelqu'un qu'il aime…

[Si vous le souhaitez, demandez à votre enfant :
« Et toi, quand tu es triste ou que tu as mal,
qu'est-ce que tu préfères ? » S'il ne répond pas,
demandez-lui : « prendre ta tétine ou avoir
un gros câlin ? »]

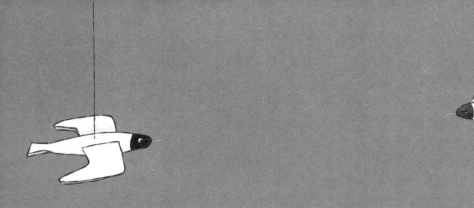

Cette tétine a fini par occuper
une telle place dans la vie d'Oscar
qu'il a souvent du mal à se rassurer sans
elle, à s'apaiser sans elle et bien sûr…
à s'endormir sans elle.

Trop, c'est trop.

Oscar en a plus qu'assez d'être
enchaîné à cette tétine qui commence
sérieusement à ressembler à une prison.
Il veut être libre, lui aussi ! Un beau jour,
plus déterminé que jamais, il décide
de donner sa tétine à la super Fée des
Tétines pour qu'elle le délivre
une bonne fois pour toutes.

[Chuchoter]

Le soir venu, il la dépose délicatement
dans une petite boîte magique…

*[Si vous le souhaitez, demandez à votre enfant :
« Est-ce que tu aimerais toi aussi te libérer de
cette tétine si on te dit comment faire ? »]*

C'est la nuit. Au milieu d'un ciel couvert
d'étoiles surgit la Fée des Tétines.
Ça alors, elle existe vraiment !
En un battement d'ailes, elle entrouvre
la boîte, saisit la tétine et la remplace
par un petit caillou magique.

La Fée se penche au-dessus d'Oscar
et lui chuchote : *[chuchoter dans le creux
de l'oreille de l'enfant]* : « Dans ta boîte,
tu verras, j'ai déposé un caillou magique.
Le caillou du courage et de l'amour.
Dès que tu ressentiras le manque
de ta tétine, serre-le fort dans ta main
et pense à quelqu'un que tu aimes.
Il te redonnera le courage
d'avancer ! »

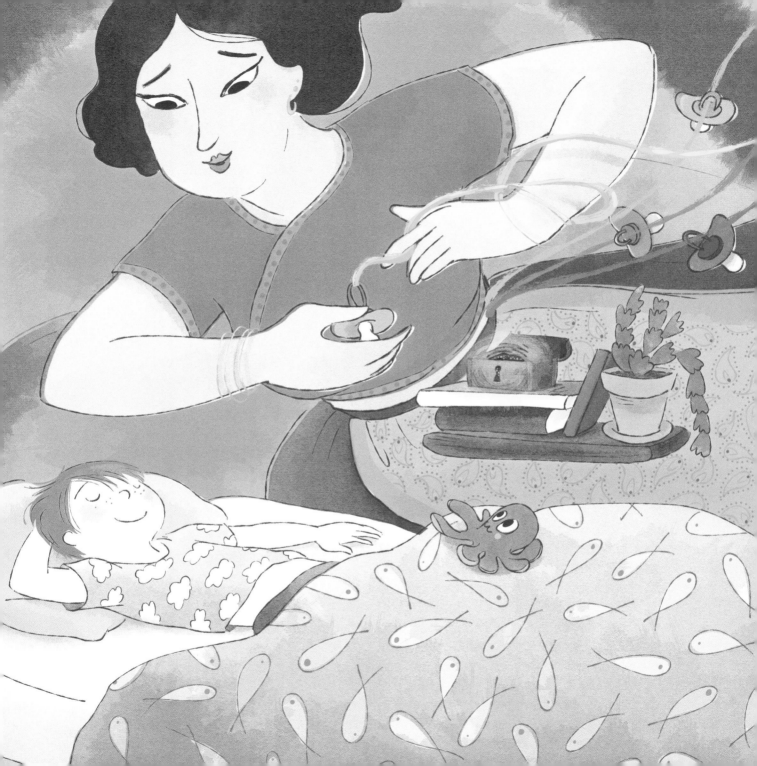

Ce matin, Oscar se sent plus fort
que jamais, serrant discrètement
dans sa main le caillou magique
que lui a offert la Fée.

« Vous savez ce qui est plus gros qu'un
gros caca d'éléphant ? » lance-t-il
joyeusement. « Bah… Un gros éléphant
bien sûr ! »

« Yak yak yak ! » se tordent de rire
les copains. « Oscar, t'es vraiment
trop trop drôle ! »

Désormais, lorsqu'Oscar se blesse,
qu'il est triste ou qu'il a peur,
c'est dans les bras d'une personne qu'il
aime qu'il cherche avant tout
du réconfort.

*[Si vous le souhaitez, vous pouvez demander
à votre enfant : « Et toi, quand tu te fais mal
ou que tu es triste et que tu n'as pas la tétine,
de quoi as-tu besoin pour te réconforter ? ».
S'il ne répond pas, demandez-lui :
« Tu as besoin d'un câlin ? D'un mot doux ?
D'une caresse ? »]*

Jour après jour, ces doses répétées
de tendresse ont fini par le transformer
en profondeur. Le voilà redevenu
lui-même !

Si bien que le soir venu, confortablement
blotti dans son lit, Oscar parvient
à s'endormir paisiblement…
sans tétine. Youpi !

[Chuchoter dans l'oreille de l'enfant]
« Bon voyage sur ton beau nuage…
Et à demain… » lui murmure son parent
dans le creux de l'oreille.

[Prénom de votre enfant],
chaque fois que tu ressentiras l'envie
très forte de prendre ta tétine,
repense à ce qui est arrivé à Oscar.
Je suis sûre que la Fée peut t'aider
à t'en libérer.

Et puis, si Oscar y est arrivé, c'est que
TOI AUSSI tu peux y arriver !

Peut-être que les premiers jours sans
tétine seront difficiles pour toi –
ou peut-être pas.

En attendant, *[prénom de votre enfant]*
souviens-toi d'une chose : plus les jours
vont passer et moins cette tétine
va te manquer.

Et un beau jour, quand tu grandiras,
autant que les mamans et les papas,
ce sera à ton tour de jouer les héros
et, comme la super Fée, d'aider
les plus petits que toi à se libérer
une bonne fois pour toutes
de leur tétine !

Le coin des parents

Le scénario du livre que vous tenez entre les mains s'inspire des techniques **théra-peutiques d'hypnose** employées chez les enfants. L'objectif de cet outil est d'aider votre enfant à mieux comprendre sa relation à la tétine, l'impact de cet objet sur son quotidien et ainsi à favoriser un détachement en douceur.

CRÉER UN ESPACE DE DIALOGUE

Cette histoire a été conçue de manière à créer un espace de dialogue entre vous et votre enfant autour de sa relation à la tétine.

Il s'identifiera à Oscar, qui partage les mêmes caractéristiques que votre enfant (âge, intérêts) grâce aux adaptations que vous réaliserez en suivant les indications entre crochets.

INFORMER SUR LES MÉCANISMES NEUROBIOLOGIQUES DE L'ACCOUTU-MANCE À LA TÉTINE

Le contenu du scénario vous informe, vous et votre enfant, sur la manière dont la tétine peut impacter son quotidien :

- La présence du ruban gravitant autour d'Oscar souligne la sensation d'enfermement que peut produire la tétine.
- Les notions de « prison », d'enfant « enchaîné » à la tétine met en scène la sensation d'accoutumance vis-à-vis de cet objet. Ce n'est pas que l'enfant ne veut pas se passer de sa tétine, c'est bien souvent qu'il n'y arrive pas.
- La présence des petites étoiles multicolores symbolise la potentielle libération de l'ocytocine, l'hormone impliquée dans l'attachement, lorsque l'adulte réconforte Oscar dans ses bras. Ce temps de câlin tend à freiner la sécrétion des hormones de stress et à favoriser sa détente en ralentissant son rythme cardiaque, sa respiration et sa tension artérielle.

NOTE AU LECTEUR :

Pour favoriser le détachement de votre enfant à sa tétine, vous pouvez lui proposer un temps de câlin dès qu'il en ressentira le manque : par exemple, en cas de stress, après un épisode de colère, lorsqu'il se met à pleurer ou encore pour l'aider à s'endormir.